Collection Droit. Mode d'emploi

Les nouveaux marchés publics

Par Bernard BETSCH

Imprimerie JOUVE II - 733 rue Saint Léonard 53100 MAYENNE - FRANCE

Achevé d'imprimer en juin 2004

EDITIONS MB FORMATION

5, rue Cadet – 75009 PARIS

Tél. 01 55 33 19 00 - Fax 01 53 34 02 00

Email : edition@mbformation.com

Dépôt légal : Juin 2004

ISBN 2-84641-100-X

MB Edition

C'est en 1999 que MB Formation, organisme de formation juridique fondé en 1990, a créé MB Edition. La création de ce pôle édition répondait à plusieurs impératifs :

> permettre de satisfaire une demande croissante de la part des stagiaires de MB Formation en matière de supports de cours ;

> par extension, mettre à disposition de chacun l'expertise des intervenants MB Formation en termes de préparation aux concours administratifs et de droit en général.

La collection Droit Mode d'emploi

Cette collection, ouverte à un large public (étudiants, agents publics, ou simplement citoyens soucieux de mieux comprendre et de maîtriser l'état du droit), est légitimée par l'activité de MB Formation.

En effet, les auteurs, dans leurs activités de formation et de conseil, sont soumis à de nombreuses questions.
Ces fascicules proposent chacun 50 questions/réponses synthétiques et pratiques à consulter au quotidien.

Francis PIAN,
Directeur de collection

Déjà parus...

Dans la collection " PRATIQUE DU DROIT "

Françoise-Marie AZEMA

Le nouveau droit des successions
La gestion du parc immobilier privé
Actes administratifs et publicité foncière

Pascale HILBERER – ROUZIC

L'allocation personnalisée d'autonomie

Damien DUTRIEUX

Le droit funéraire (Tome I et II)
La mort en milieu hospitalier

Dominique PIPARD – THAVEZ

Le nouveau droit de l'urbanisme

Alain MAILLARD

Le PLU en pratique

Agnès PERIA

Sécuriser les délégations de compétence

Marie-Laure DENJEAN – LIMBOURG

Le droit d'expropriation

Bernard BETSCH

Collectivités locales et chambres régionales des comptes
Les marchés publics locaux

Prochainement :

Le contentieux électoral – Damien DUTRIEUX

Dans la collection " PREPA CONCOURS"

Francis PIAN

Panorama des collectivités territoriales
Réussir les épreuves écrites du concours d'attaché territorial
Réussir les épreuves orales du concours d'attaché territorial
Réussir la note de synthèse du concours externe d'ingénieur subdivisionnaire (Toutes spécialités)

Dominique PIPARD - THAVEZ

Méthodologie de la note - Concours externe d'ingénieur subdivisionnaire (Spécialité urbanisme, aménagement et paysages)
Méthodologie de la composition de droit public
Réussir la note de synthèse dans l'examen professionnel de rédacteur-chef
Réussir le commentaire de texte à l'examen professionnel de rédacteur-chef

***Janine* MARECHALLE**

Réussir la note de synthèse du concours de technicien supérieur territorial

***Pascal* JOLY**

Réussir l'épreuve de culture générale (Tous concours de catégorie A)

***Jean-François* FORESTIER**

Réussir l'épreuve de finances publiques au concours d'attaché territorial

***Gérard* PARDINI**

Les institutions publiques françaises

Dans la même collection " DROIT MODE D'EMPLOI"

***Pascale* HILBERER – ROUZIC**

L'obligation alimentaire dans le cadre de l'action sociale

L'allocation personnalisée d'autonomie

***Christophe* DAADOUCH**

Le droit des étrangers (édition à jour de la loi du 26 novembre 2003)

Le droit de la nationalité

L'autorité parentale

***François* PONCHON**

Les droits du patient

***Yves* POTONET**

Enfance maltraitée

***Laurent* SELLES**

Le secret professionnel à l'hôpital

Le secret professionnel et le signalement

Le surendettement

***Bernard* BETSCH**

L'intercommunalité aujourd'hui

La police municipale et locale d'aujourd'hui

***Emmanuelle* ALFANDARY**

Environnement : les installations classées

Droit de l'eau : gestion et protection

***Damien* DUTRIEUX**

Les concessions funéraires

La crémation

Le transport des corps

***Olivier* HACHE et *Jérôme* GODARD**

La maîtrise d'ouvrage publique

***Françoise-Marie* AZEMA**

Le droit des successsions

***Saïma* KADRI**

La validation des acquis de l'expérience

Sommaire

Quelques abréviations 9

Avant propos 11

I. Les nouveaux marchés publics 13
1. Quelles sont les modifications apportées aux règles de la commande publique en 2004 ? 14
2. Quels sont les contrôles sur les marchés publics ? 16
3. Qui peut signer un marché public dans une collectivité locale ? 17
4. Quelles sont les règles de transmission de la délibération au représentant de l'Etat ? 19
5. Comment définir un marché public ? 20
6. Qui est soumis au Code des marchés publics ? 21
7. Quels sont les cas d'exclusion ? 22

II. La maîtrise des dispositions générales 24
A. Le contenu des marchés 24
8. Sur quel objet porte un marché public ? 25
9. Quelle est sa durée ? 26
10. Qu'en est-il du prix ? 27
11. Qu'en est-il de la forme des marchés et des documents constitutifs ? 29
12. A quoi servent les cahiers des charges ? 30
13. Quels sont les éléments obligatoires d'un marché public ? 31

B. Les lots ou allotissement 32
14. Qu'en est-il du recours à l'allotissement ? 33

C. La coordination et le regroupement de commandes 34
15. Que signifie la coordination des marchés ? 35
16. Des groupements de commandes peuvent-ils être constitués ? 36

17. Comment définir la centrale d'achat ? 37

III. La passation des marchés 38
A. Les organes concernés 38
18. Quelle est la personne responsable du marché ? 39
19. Qu'en est-il de la commission d'appel d'offres (CAO) pour les collectivités locales ? 40
20. Comment calculer le quorum de la CAO ? 41
21. Que signifie le surnombre de la CAO ? 42
22. Quel est le régime des réunions de la CAO ? 42

B. La définition des procédures 43
23. Comment déterminer la procédure à utiliser pour les marchés publics locaux ? 44
24. Quelles sont les règles relatives aux seuils des marchés ? 45
25. Qu'en est-il des marchés passés selon la procédure adaptée ? 46
26. Quelles sont les règles de l'appel d'offres ? 48
27. Comment définir la procédure négociée ? 49
28. Quelles sont les règles de la nouvelle procédure de dialogue compétitif ? 49
29. Comment fonctionne la procédure des marchés de conception réalisation ? 50
30. Quelles sont les règles du concours ? 50

C. Les règles générales de passation 51
31. Quelles sont les mesures de publicité à envisager ? 52
32. Qu'en est-il des mesures de publicité complémentaire quel que soit le montant estimé du marché ? 54
33. Quelle est l'articulation entre les seuils, les procédures et les mesures de publicité ? 55
34. Comment est organisée l'information des candidats ? 57
35. Comment intervient l'examen des candidatures et des offres ? 58

36. Qu'en est-il des offres anormalement basses ? 59
37. Que signifie la dématérialisation des procédures ? 59

D. Des dispositions particulières 60
38. Comment définir les marchés fractionnés ? 61
39. Dans quels cas intervient le marché à tranche conditionnelle ? 61
40. Qu'en est-il des marchés de définition ? 62
41. Quelles sont les règles concernant les marchés de maîtrise d'œuvre ? 63
E. Les ultimes étapes 64
42. Comment préparer le rapport de présentation ? 65
43. Comment intervient la notification du marché ? 66
F. Les marchés conclus pour l'acquisition d'énergies non stockables par la personne publique 67
44. Quelles sont les dispositions relatives à l'acquisition d'énergie non stockable ? 68
G. Les marchés des opérateurs de réseaux 69
45. Qu'en est-il des marchés des opérateurs de réseaux ? 70

IV. L'exécution des marchés 72
46. Comment est exécuté le marché ? 73
47. Quel est le délai global de paiement ? 74
48. Qu'en est-il des intérêts moratoires ? 75
49. Quel est le régime des avances ? 76
50. Quel est le régime juridique applicable aux acomptes ? 77

Les textes en vigueur 80
Les textes parus au J.O n° 6 du 8 janvier 2004
Le Code des marchés publics

Index 86

MB Edition

<u>Nota</u> : sauf indication contraire, les articles cités sont ceux du Code des marchés publics.

Quelques abréviations

MB Edition

BOAMP :	**Bulletin officiel des annonces des marchés publics**
C.A.A. :	**Cour administrative d'appel**
CAO :	**Commission d'appel d'offres**
CE :	**Conseil d'Etat**
CGCT :	**Code général des collectivités territoriales**
CMP :	**Code des marchés publics**
HT:	**Hors taxes**
JAL :	**Journal d'annonces légales**
JOCE :	**Journal officiel des communautés européennes**
OPOCE :	**Office des Publications (Commission européenne)**
PRM :	**Personne responsable du marché**

Avant propos

Le décret n° 2004-15 du 7 janvier 2004 portant nouveau Code des marchés publics a été publié au Journal Officiel du 8 janvier 2004 avec une entrée en vigueur le 10 janvier.

Le nouveau Code des marchés publics poursuit un double objectif : la simplification des procédures et la responsabilisation des acheteurs publics pour plus d'efficacité et de performance économique.

Ce livre présente de manière simple, logique et cohérente les règles qui s'appliquent désormais à l'Etat et aux collectivités locales en matière de commande publique.

La première partie est consacrée à la présentation de ces nouveaux marchés .
La deuxième partie concerne la maîtrise des dispositions générales contenues dans le Code .
La troisième partie expose les règles de passation des marchés publics et, enfin, la dernière partie s'attache à en rappeler les règles d'exécution.

MB Edition

I. Les nouveaux marchés publics

MB Edition

I. Quelles sont les modifications apportées aux règles de la commande publique en 2004 ?

Le nouveau Code des marchés publics, qui assouplit considérablement les procédures d'achat de l'Etat et des collectivités territoriales, est entré en vigueur au début du mois de janvier 2004.
Un décret et une circulaire d'application ont été publiés en même temps au Journal officiel du 8 janvier 2004.
L'Etat et les collectivités territoriales peuvent désormais adopter des procédures beaucoup plus souples pour conclure leurs achats publics.
Ces mesures anticipent la directive européenne sur les marchés publics. Il autorise notamment la négociation avec les fournisseurs au lieu du choix entre des offres intangibles comme précédemment. Les acheteurs pourront de même passer un seul marché " global " pour la conception, la construction et la maintenance d'un ouvrage public, ou encore grouper leurs commandes via des centrales d'achat jusqu'ici interdites.
Le nouveau code diminue les cas de procédure obligatoire : seuls les marchés supérieurs à 150 000 € (pour l'Etat) et 230 000 € (pour les collectivités territoriales) y seront soumis, au lieu de 90 000 € jusqu'ici.
Ces seuils sont plus stricts que ceux de la future directive européenne, qui n'imposera de procédure formelle que pour les marchés supérieurs à 5,9 millions €.
En contrepartie, pour tous les marchés y compris les plus gros, l'acheteur public pourra utiliser de nouvelles méthodes, proches de celles du secteur privé, qui révolutionnent l'appel d'offre classique.
L'acheteur pourra désormais, dans certaines conditions, négocier les prix après avoir reçu les offres ou encore modifier son cahier des charges initial en fonction de ses discussions avec les candidats.
Avant, en dessous des seuils obligatoires, l'acheteur public avait quasiment une liberté absolue, au-delà il devrait suivre l'appel d'offre dans toute sa contrainte.
Les acheteurs publics devront chaque année publier la liste des entreprises auxquelles ont été attribués les gros marchés.
Pour être complet, il faut signaler que des modifications à ce code sont programmées dès 2005 par le ministère et ce pour mettre en conformité le texte français avec la directive euro-

MB Edition

péenne relative à la passation des marchés publics, sans oublier de mentionner que des assouplissements de ce cadre juridique sont dores et déjà annoncés par voie réglementaire.

Le tableau ci-dessous résume les nouvelles règles concernant les seuils applicables :

	Procédure adaptée	**Marché négocié**	**Dialogue Compétitif**	**Concours**	**Appel d'offre**
	Art. 1er, 28 I	Art. 35 I, 65, 66	Art. 36 67, 68	Art. 38, 74	Art. 33, 57 et suivants
Marchés de maîtrise d'œuvre Etat	< 150 000	Possible par exception	-	> 150 000	Possible par exception
Marchés de maîtrise d'œuvre CT	< 230 000	Possible par exception	-	> 230 000	Possible par exception
Marchés de travaux Etat et CT	< 230 000	> 230 000 < 5 900 000	> 230 000 < 5 900 000	–	> 5 900 000
Marchés de fournitures ou de services Etat	< 150 000	Possible après AO infructueux, ou en matière de recherche	Possible en cas de difficultés dans la définition des besoins	Possible pour le choix d'un plan ou d'un projet	> 150 000
Marchés de fournitures ou de services CT	< 230 000	Possible après AO infructueux, ou en matière de recherche	Possible en cas de difficultés dans la définition des besoins	Possible pour le choix d'un plan ou d'un projet	> 230 000

CT = collectivités territoriales

2. Quels sont les contrôles sur les marchés publics ?

La transparence des procédures est un des principes fondamentaux du droit des marchés publics. Elle doit permettre de vérifier le respect des principes fondamentaux de la commande publique tels qu'ils sont rappelés et garantis par le code.

Afin d'assurer l'effectivité de ces principes l'un des objectifs de la réforme a été de mettre en œuvre des procédures de contrôle efficaces.

C'est l'objet du **titre V du nouveau code**, spécifiquement consacré au " **contrôle des marchés publics** " et de nombreuses mesures de renforcement des moyens de surveillance et de sanction juridictionnels et administratifs mis en place depuis 1997.

Les moyens de la justice ont été renforcés par la création de procédures particulières permettant de suspendre la signature d'un marché en cas de manquement aux obligations de publicité et de mise en concurrence (référé précontractuel) qui ont été réformées par la loi du 22 juin 2000.

L'efficacité de ce contrôle est encore améliorée par le renforcement de ses moyens (création des pôles financiers) et le développement des relations formelles et informelles avec les institutions, jouant un rôle dans le contrôle des marchés publics (Chambres régionales des comptes, Procureurs).

3. Qui peut signer un marché public dans une collectivité territoriale ?

Une délibération expresse autorisant la signature du marché est nécessaire :

Aux termes de **l'article L. 2122-21 du CGCT (L. 5211-1 à L. 5211-10 pour les présidents d'EPCI)**, le maire est chargé, d'une manière générale, d'exécuter les décisions du conseil municipal et, en particulier :
" *6° - de souscrire les marchés, de passer les baux des biens et les adjudications des travaux communaux dans les formes établies par les lois et règlements*".

Tout marché doit faire l'objet d'une délibération expresse (c'est-à-dire indiquant la procédure de passation du marché, le ou les entreprises retenues, et le coût du marché – précisé par lots s'il y a lieu) de l'assemblée délibérante autorisant sa signature (*Conseil d'Etat, arrêt du 27 octobre 1997, préfet de Seine-et-Marne C/ commune de Chelles*).
En cas de recours à un mandataire, les règles applicables au mandataire en matière de passation des marchés sont celles applicables à la collectivité mandante.
En conséquence, l'assemblée délibérante doit au préalable expressément autoriser le mandataire à signer le marché (*TA de Grenoble, 11 mai 2001, préfet de la Drôme c/ société d'équipement du département de la Drôme*).

Ne constitue pas une autorisation expresse de signer le marché la délibération autorisant le maire ou le président d'un EPCI " *à signer toutes les pièces administratives et financières concernant l'opération* " (*Tribunal administratif de Grenoble, 7 décembre 2001, préfet de la Drôme*) ou " *à signer tout document ou acte conséquence des présentes* ".

D'autre part, en vertu de **l'article L2122-22 du Code général des collectivités territoriales**, le maire peut, en outre, par délégation du conseil municipal, être chargé, en tout ou partie, et pour la durée de son mandat : "4° *De prendre toute décision concernant la préparation, la passation, l'exécution et le règlement des marchés de travaux,*

MB Edition

de fournitures et de services qui peuvent être passés sans formalités préalables en raison de leur montant, lorsque les crédits sont inscrits au budget. "

Par conséquent pour les communes ayant mis en œuvre cette délégation, le seuil de délégation à la personne responsable du marché passe, dans le cadre du nouveau Code des marchés publics de 90 000 € HT à 230 000 € HT.

Rappelons toutefois que le maire, bénéficiaire de cette délégation doit rendre compte à l'assemblée des marchés ainsi passés. Il convient de retenir qu'un arrêt de la Cour administrative d'appel de Lyon du 7 novembre 2002, commune de Montelimar rend nécessaire une délibération portant sur le choix de l'attributaire.
C'est-à-dire que cette délibération intervient après décision de la commission d'appel d'offres et elle a pour objet d'autoriser l'exécutif de l'assemblée à signer le marché.

Ni le Code général des collectivités territoriales, ni la jurisprudence "commune de Montélimar" n'imposent deux délibérations ; mais la jurisprudence souligne que l'exécutif ne peut signer le marché qu'après autorisation de l'assemblée délibérante.

4. Quelles sont les règles de transmission de la délibération au représentant de l'Etat ?

Conformément aux termes de l'**article L. 2131-1 du CGCT** (modifié par la loi n°2002-276 du 27 février 2002) " *les actes pris par les autorités communales sont exécutoires de plein droit dès qu'il a été procédé à leur publication ou affichage ou à leur notification aux intéressés ainsi qu'à leur transmission au représentant de l'Etat dans le département ou à son délégué dans l'arrondissement* ".

Il en résulte que toute délibération autorisant le maire à signer un marché (ou tout autre acte) doit impérativement être transmise à la Préfecture avant la signature du marché : dans le cas contraire, la délibération n'étant pas exécutoire, le marché signé avant transmission est entaché de nullité (avis du CE du 10 juin 1996).

Aux termes de **l'article L. 2131-2-4°**, doivent être transmises les conventions relatives aux marchés, à l'exception des marchés passés sans formalités préalables en raison de leur montant.
Seuls les marchés au-dessus de 230 000 euros doivent être transmis au contrôle de légalité.

De plus, tous les avenants, y compris ceux concernant des marchés initiaux sans formalités préalables, doivent être transmis.
Aux termes des **articles L. 2131-13 et L. 1411-9 du CGCT**, les pièces relatives à une délégation de service public ou une convention de marché doivent être transmises dans un délai de 15 jours à compter de la date de signature du marché.

Par ailleurs, le préfet ou sous-préfet est informé dans un délai de 15 jours de la date de notification du marché. Le défaut de transmission prive le marché de caractère exécutoire, le marché ne pouvant de ce fait être notifié au titulaire pour exécution des prestations commandées.

MB Edition

5. Comment définir un marché public ?

Pour bien comprendre la réglementation applicable aux marchés publics il est proposé à ce stade de l'ouvrage d'apporter au lecteur quelques définitions sur leur objet et leur nature mais aussi à préciser les activités qui ne relèvent pas du Code des marchés publics.

L'article 1er du Code des marchés publics apporte une définition claire des marchés publics qui sont les contrats conclus à titre onéreux avec des personnes publiques ou privées par les personnes morales de droit public pour répondre à leurs besoins en matière de travaux, de fournitures ou de services.
Quel que soit leur montant, les marchés publics respectent les principes de liberté d'accès à la commande publique, d'égalité de traitement des candidats et de transparence des procédures.

Ces principes permettent d'assurer l'efficacité de la commande publique et la bonne utilisation des deniers publics.
Ils exigent une définition préalable des besoins de l'acheteur public, le respect des obligations de publicité et de mise en concurrence et le choix de l'offre économiquement la plus avantageuse.
Ces obligations sont mises en oeuvre conformément aux règles fixées par le Code des marchés publics.

Ce même code vient définir la nature des différents marchés en fonction de l'objet sur lequel ils portent :

- Les marchés publics de travaux ont pour objet la réalisation de tous travaux de bâtiment ou de génie civil à la demande d'une personne publique exerçant la maîtrise d'ouvrage.
- Les marchés publics de fournitures ont pour objet l'achat, la prise en crédit-bail, la location ou la location-vente de produits ou matériels.
- Les marchés publics de services ont pour objet la réalisation de prestations de services.

Pour être complet sur ce point, notons qu'un marché public relevant d'une des trois catégories mentionnées ci-dessus peut comporter, à titre accessoire, des éléments relevant d'une autre catégorie. Lorsqu'un marché public a pour objet à la fois des services et des fournitures, il est un marché de services si la valeur de ceux-ci dépasse celle des produits à fournir.

MB Edition

6. Qui est soumis au Code des marchés publics ?

Les dispositions du Code des marchés publics (CMP) s'appliquent :

1° Aux marchés conclus par l'Etat, ses établissements publics autres que ceux ayant un caractère industriel et commercial, les collectivités territoriales et leurs établissements publics ;
2° Aux marchés conclus en vertu d'un mandat donné par une des personnes publiques mentionnées au 1° ci-dessus, sous réserve des adaptations éventuellement nécessaires auxquelles il est procédé par décret.
Sauf dispositions contraires, les règles applicables à l'Etat le sont également à ceux de ses établissements publics auxquels s'appliquent le code des marchés public.

De même, sauf dispositions contraires, les règles applicables aux collectivités territoriales le sont également à leurs établissements publics.

A noter : L'arrêté ministériel du 30 janvier 2004 (publié au JO du 5 février 2004, page 2493), fixe les modèles de formulaires pour la publication des avis relatifs à la passation et à l'attribution des marchés publics.
Ces modèles peuvent être consultés sur le site du Ministère de l'Economie et des Finances (**http://www.colloc.minefi.gouv.fr** dans la rubrique marchés publics, formulaires à télécharger : formulaires d'avis d'appel public à la concurrence, formulaire d'attribution).

MB Edition

7. Quels sont les cas d'exclusion ?

Les dispositions du Code des marchés publics (CMP) ne s'appliquent pas aux contrats :

- conclus entre une des personnes publiques et un cocontractant sur lequel elle exerce un contrôle comparable à celui qu'elle exerce sur ses propres services et qui réalise l'essentiel de ses activités pour elle à condition que, même si ce cocontractant n'est pas une des personnes publiques ainsi mentionnées ci-dessus, il applique, pour répondre à ses besoins propres, les règles de passation des marchés prévues par le CMP ;

- de services conclus par une des personnes publiques avec une autre de ces personnes publiques ou avec une des personnes mentionnées à l'**article 9 de la loi n° 91-3 du 3 janvier 1991 relative à la transparence et à la régularité des procédures de marchés** et soumettant la passation de certains contrats à des règles de publicité et de mise en concurrence, lorsque la personne publique ou privée cocontractante bénéficie, sur le fondement d'une disposition légalement prise, d'un droit exclusif ayant pour effet de lui réserver l'exercice d'une activité à condition que ces dispositions soient compatibles avec le traité instituant la Communauté européenne ;

- qui ont pour objet l'acquisition ou la location, quelles qu'en soient les modalités financières, de terrains, de bâtiments existants ou d'autres biens immeubles, ou qui concernent d'autres droits sur ces biens ; toutefois, les contrats de services financiers conclus en relation avec le contrat d'acquisition ou de location sous quelque forme que ce soit, entrent dans le champ d'application du CMP ;

- qui ont pour objet l'achat, le développement, la production ou la coproduction de programmes par des organismes de radiodiffusion et aux contrats concernant les temps de diffusion ;

- qui ont pour objet des emprunts ou des engagements financiers, qu'ils soient destinés à la couverture d'un besoin de financement ou de trésorerie, des services relatifs à l'émission, à l'achat, à la vente ou au transfert de titres et instruments financiers, ou encore des services fournis par les banques centrales ;
  - pour lesquels la protection des intérêts essentiels de l'Etat l'exige ;
  - passés en vertu de la procédure spécifique d'une organisa--tion internationale et aux contrats conclus avec des organisations internationales en vue de se procurer des fournitures, des services ou des travaux ;
  - relatifs à des fournitures, des travaux ou des services conclus, pour l'application d'un accord international concernant le stationnement de troupes ;
  - relatifs à des fournitures, des travaux ou des services conclus pour l'application d'un accord international passé entre la France et un ou plusieurs pays en vue de la réalisation ou de l'exploitation d'un projet ou d'un ouvrage ;

- qui ont pour objet l'achat d'oeuvres d'art, d'objets d'antiquité et de collection ainsi qu'aux contrats ayant pour objet l'achat d'objets d'art qui, en raison de leur nature et de leurs caractéristiques, ne permettent pas la mise en oeuvre de procédures de publicité et de mise en concurrence.

A relever qu'en tant que de besoin des dispositions particulières s'appliquent pour les marchés passés par les services de la défense.

II. La maîtrise des dispositions générales (articles 5 à 19)

A. Le contenu des marchés

MB Edition

8. Sur quel objet porte un marché public ?

La nature et l'étendue des besoins à satisfaire sont déterminées avec précision par la personne publique avant tout appel à concurrence ou toute négociation non précédée d'un appel à concurrence.

Le marché conclu par la personne publique doit avoir pour objet exclusif de répondre à ces besoins.

La nature et l'étendue des besoins à satisfaire sont déterminées avec précision par la personne publique avant tout appel à la concurrence ou toute négociation non précédée d'un appel à la concurrence. Le marché conclu par la personne publique doit avoir pour objet exclusif de répondre à ces besoins.

L'autorité compétente détermine le niveau auquel les besoins de fournitures et de services sont évalués. Ce choix ne doit pas avoir pour effet de soustraire des marchés aux règles qui leur sont normalement applicables en vertu du CMP (**source : article 5 CMP**).

9. Quelle est sa durée ?

La durée d'un marché est fixée en tenant compte de la nature des prestations et de la nécessité d'une remise en concurrence périodique.

Un marché peut prévoir une ou plusieurs reconductions à condition que ses caractéristiques restent inchangées et que la mise en concurrence ait été réalisée en prenant en compte la durée totale du marché, période de reconduction comprise.

Le nombre des reconductions doit être indiqué dans le marché. Il est fixé en tenant compte de la nature des prestations et de la nécessité d'une remise en concurrence périodique.

La personne responsable du marché prend par écrit la décision de reconduire ou non le marché.

Le titulaire du marché ne peut refuser sa reconduction sauf stipulation contraire dans le marché.

10. Qu'en est-il du prix ?

Les prix des prestations faisant l'objet d'un marché sont soit des prix unitaires appliqués aux quantités réellement livrées ou exécutées, soit des prix forfaitaires appliqués à tout ou partie du marché, quelles que soient les quantités.
Des clauses incitatives liées aux délais d'exécution, à la recherche d'une meilleure qualité des prestations et à la réduction des coûts de production peuvent être insérées dans les marchés.
Un marché est conclu à prix définitif.

Un marché est conclu à prix ferme dans le cas où cette forme de prix n'est pas de nature à exposer à des aléas majeurs le titulaire ou la personne publique contractante du fait de l'évolution raisonnablement prévisible des conditions économiques pendant la période d'exécution des prestations.
Le prix ferme est actualisable dans des conditions fixées par décret.
Un marché est dit à prix ajustable ou révisable lorsque le prix peut être modifié pour tenir compte des variations économiques dans des conditions fixées par le décret mentionné à l'alinéa précédent. Lorsqu'un marché comporte une clause de variation de prix, il fixe la périodicité de mise en oeuvre de cette clause.

Notons que l'article 18 prévoit :
Les marchés négociés peuvent être conclus à prix provisoires dans les cas exceptionnels suivants :
1° Lorsque, pour des prestations complexes ou faisant appel à une technique nouvelle et présentant soit un caractère d'urgence impérieuse, soit des aléas techniques importants, l'exécution du marché doit commencer alors que la détermination d'un prix initial définitif n'est pas encore possible ;
2° Lorsque les résultats d'une enquête de coût de revient portant sur des prestations comparables commandées au titulaire d'un marché antérieur ne sont pas encore connus ;
3° Lorsque les prix des dernières tranches d'un marché à tranches, tel que défini à l'article 72 du CMP, doivent être fixés au vu des résultats, non encore connus, d'une enquête de coût de revient portant sur les premières tranches, conclues à prix définitifs ;
4° Lorsque les prix définitifs de prestations comparables ayant fait l'objet de marchés antérieurs sont remis en cause par le candidat pressenti ou la personne responsable du

marché, sous réserve que celle-ci ne dispose pas des éléments techniques ou comptables lui permettant de négocier de nouveaux prix définitifs.
Les marchés conclus à prix provisoires précisent :
1° Les conditions dans lesquelles sera déterminé le prix définitif, éventuellement dans la limite d'un prix plafond ;
2° L'échéance à laquelle devra intervenir un avenant pour fixer le prix définitif ;
3° Les règles comptables auxquelles le titulaire devra se conformer ;
4° Les vérifications sur pièces et sur place que l'administration se réserve d'effectuer sur les éléments techniques et comptables du coût de revient.

Enfin , pour la réalisation des ouvrages mentionnés à l'article 1er de la **loi n° 85-704 du 12 juillet 1985 relative à la maîtrise d'ouvrage publique** et ses rapports avec la maîtrise d'oeuvre privée, les marchés de maîtrise d'oeuvre sont passés à prix provisoires conformément au **décret n° 93-1268 du 29 novembre 1993 relatif aux missions de maîtrise d'oeuvre** confiées par des maîtres d'ouvrage publics à des prestataires de droit privé (**source : article 18**).

11. Qu'en est-il de la forme des marchés et des documents constitutifs ?

Les marchés sont des contrats écrits.

L'acte d'engagement et les cahiers des charges en sont les pièces constitutives.

L'acte d'engagement est la pièce signée par un candidat à un marché public dans laquelle il présente son offre ou sa proposition et adhère aux clauses que la personne publique a rédigées.

Cet acte d'engagement est ensuite signé par la personne publique.
Pour les marchés de conception-réalisation définis à **l'article 37 du code**, sont en outre des pièces constitutives :
" *1° Le programme de l'opération, au sens de l'article 2 de la loi n° 85-704 du 12 juillet 1985 relative à la maîtrise d'ouvrage publique et à ses rapports avec la maîtrise d'oeuvre privée ;*
2° Les études de conception présentées par le titulaire retenu. "

12. A quoi servent les cahiers des charges ?

Les cahiers des charges déterminent les conditions dans lesquelles les marchés sont exécutés. Ils comprennent des documents généraux et des documents particuliers.

Les documents généraux sont :

- Les cahiers des clauses administratives générales, qui fixent les dispositions administratives applicables à une catégorie de marchés ;
- Les cahiers des clauses techniques générales, qui fixent les dispositions techniques applicables à toutes les prestations d'une même nature.

Ces documents sont approuvés par un arrêté du ministre chargé de l'économie et des ministres intéressés.
La personne responsable du marché décide de faire ou non référence à ces documents.

Les documents particuliers sont :

- Les cahiers des clauses administratives particulières, qui fixent les dispositions administratives propres à chaque marché ;
- Les cahiers des clauses techniques particulières, qui fixent les dispositions techniques nécessaires à l'exécution des prestations de chaque marché.

Si la personne responsable du marché décide de faire référence aux documents généraux, les documents particuliers comportent, le cas échéant, l'indication des articles des documents généraux auxquels ils dérogent.

13. Quels sont les éléments obligatoires d'un marché public ?

Les pièces constitutives du marché comportent obligatoirement :
1° L'identification des parties contractantes ;
2° La justification, par référence à l'arrêté la désignant, de la qualité de la personne signataire du marché au nom de l'Etat et, le cas échéant, la délibération autorisant la personne responsable du marché à passer le marché ;
3° La définition de l'objet du marché ;
4° La référence aux articles et alinéas du Code des marchés publics en application desquels le marché est passé ;
5° L'énumération des pièces du marché ; ces pièces sont présentées dans un ordre de priorité défini par les parties contractantes. Sauf cas d'erreur manifeste, cet ordre de priorité prévaut en cas de contradiction dans le contenu des pièces ;
6° Le prix ou les modalités de sa détermination ;
7° La durée d'exécution du marché ou les dates prévisionnelles de début d'exécution et d'achèvement ;
8° Les conditions de réception, de livraison ou d'admission des prestations ;
9° Les conditions de règlement, notamment, s'ils sont prévus dans le marché, les délais de paiement ;
10° Les conditions de résiliation ;
11° La date de notification du marché ;
12° Le comptable assignataire ;
13° Les éléments propres aux marchés fractionnés.

MB Edition

B. Les lots ou allotissement

14. Qu'en est-il du recours à l'allotissement ?

Des travaux, des fournitures ou des prestations de services peuvent donner lieu à un marché unique ou à un marché alloti.
Dans le cas où plusieurs lots sont attribués à un même titulaire, il est possible de signer avec ce titulaire un seul marché regroupant tous ces lots. La personne responsable du marché choisit entre ces deux modalités en fonction des avantages économiques, financiers ou techniques qu'elles procurent.
Les offres sont examinées lot par lot.
Les candidats ne peuvent pas présenter des offres variables selon le nombre de lots susceptibles d'être obtenus.

Pour les marchés ayant à la fois pour objet la construction et l'exploitation ou la maintenance d'un ouvrage, si l'acheteur public choisit de recourir à un marché alloti, la construction fait obligatoirement l'objet d'un lot séparé.
S'il choisit de recourir à un marché global, celui-ci fait obligatoirement apparaître, de manière séparée, les prix respectifs de la construction et de l'exploitation ou de la maintenance.
La rémunération des prestations d'exploitation ou de maintenance ne peut en aucun cas contribuer au paiement de la construction.

MB Edition

C. La coordination et le groupement de commandes

MB Edition

15. Que signifie la coordination des marchés ?

Au sein d'une personne publique, les services qui disposent d'un budget propre peuvent coordonner la passation de leurs marchés.
A cette fin, un service centralisateur est désigné.

Le service centralisateur peut passer un marché, dans le cadre duquel les autres services émettent des bons de commandes.

Il peut aussi conclure une convention fixant le prix des prestations à réaliser et un marché type qui définit les prescriptions administratives et techniques à respecter ; chaque service passe ensuite son propre marché, aux conditions prévues par la convention de prix et le marché type.

Les règles applicables à la passation des marchés types et conventions de prix sont celles qui sont prévues par le CMP (**source : article 7**).

MB Edition

16. Des groupements de commandes peuvent-ils être constitués ?

Oui,

- Soit par des services de l'Etat et des établissements publics de l'Etat autres que ceux ayant un caractère industriel et commercial, ou par de tels établissements publics seuls ;
- Soit par des collectivités territoriales, par des établissements publics locaux, ou par des collectivités territoriales et des établissements publics locaux ;
- Soit à la fois par les personnes publiques mentionnées ci-dessus.

Des personnes privées, des établissements publics nationaux à caractère industriel et commercial et des groupements d'intérêt public peuvent participer à ces groupements à condition d'appliquer les règles prévues par le code.

17. Comment définir la centrale d'achat ?

Une centrale d'achat est une personne publique ou un organisme de droit privé remplissant les conditions fixées parla **loi n° 91-3 du 3 janvier 1991 relative à la transparence et à la régularité des procédures de marchés** et soumettant la passation de certains contrats à des règles de publicité et de mise en concurrence, qui peut :

- Acquérir des fournitures ou des services en vue de les céder à des personnes publiques ou des personnes privées remplissant les conditions mentionnées ci-dessus
- Signer et notifier des marchés publics de travaux, de fournitures ou de services dont plusieurs des personnes publiques ou privées mentionnées ci-dessus prennent en charge l'exécution ;
- Conclure des conventions fixant le prix des prestations à réaliser et des marchés types définissant les prescriptions administratives et techniques à respecter, les personnes publiques ou privées mentionnées ci-dessus passant ensuite les marchés aux conditions prévues par les conventions de prix et les marchés types ;
- Mettre en oeuvre pour le compte des personnes ci-dessus mentionnées les procédures de passation de leurs marchés et veiller à la bonne exécution de ceux-ci.

MB Edition

III. La passation des marchés

A. Les organes concernés

MB Edition

18. Quelle est la personne responsable du marché ?

La personne responsable du marché est la personne habilitée à signer le marché au nom de la personne publique.

Pour l'Etat, la liste de ces personnes est établie dans chaque département ministériel par arrêté du ministre.
Cet arrêté précise, le cas échéant, les catégories de marchés qui, en raison de leur nature ou de leur montant, sont soumis à la signature du ministre.

Pour les établissements publics de santé et médico-sociaux, la personne responsable du marché est le directeur de l'établissement.

Pour la commune, il s'agit du maire.

Dans le nouveau code, c'est la personne responsable du marché qui ouvre les plis de candidatures alors qu'avant, c'était la commission d'appel d'offres.
L'ouverture des candidatures est un acte purement administratif qui encombrait jusqu'alors inutilement le travail des commissions d'appel d'offres.

19. Qu'en est-il de la commission d'appel d'offres (CAO) pour les collectivités territoriales ?

Le nouveau Code des marchés publics n'a pas radicalement modifié le fonctionnement de la commission d'appel d'offres.
Toutefois, certaines modifications doivent être notées.

D'abord, ainsi que nous l'avons noté ci-dessus, les **articles 21 et 22** prévoient prévoient respectivement pour l'Etat et pour les collectivités territoriales la faculté de créer une ou plusieurs CAO.
Jusqu'alors la création d'une seule CAO était possible.

Ainsi, par exemple, une commission spécifique peut être créer pour la passation d'un marché déterminé.
Cela permettra peut-être, pour tel ou tel projet à une collectivité de mettre à contribution un ou plusieurs élus ayant une compétence particulière. Il faut noter surtout que la convocation du comptable public et du représentant de la direction générale de la répression des fraudes n'est plus obligatoire.

C'est désormais une faculté pour la collectivité de les inviter, toujours avec une voix consultative.

La pratique de la " *participation d'agents de la personne publique compétents en matière de droits des marchés publics* " est reconnue par **l'article 22-VII du Code**.
Cette reconnaissance accordée aux praticiens est la bienvenue pour le bon déroulement de ces procédures souvent complexes.

20. Comment calculer le quorum de la CAO ?

Le quorum est atteint lorsque la moitié plus un des membres ayant voix délibérative sont présents.
Il est donc de 4 membres en ce qui concerne les communes de plus de 3 500 habitants et de 3 membres pour celles de moins de 3 500 habitants.

Le quorum doit être atteint non seulement pour les débats, mais également lors du vote de la commission.

La condition de quorum disparaît lorsque, après une première convocation, le quorum n'ayant pas été atteint, il y a une deuxième convocation dans les mêmes conditions que la première.
Il est recommandé la présence d'au moins deux membres à voix délibérative pour la tenue d'une réunion.

Les membres à voix consultative ne sont pas inclus dans le calcul du quorum.
Leur absence, sous réserve de la convocation dans les conditions ci-dessus n'empêche en aucune façon la tenue de la commission.

21. Que signifie le surnombre de la CAO ?

Dans le cas d'une procédure d'appel d'offres, les réunions de la commission d'appel d'offres ne sont pas publiques.

La présence de personnes à ces réunions, en surnombre par rapport à la composition légale de la commission, est sanctionnée par la jurisprudence.
Par conséquent la règle du quorum doit être respectée.

22. Quel est le régime des réunions de la CAO ?

Les convocations aux réunions de la commission doivent avoir été adressées à ses membres au moins cinq jours francs avant la date prévue pour la réunion.

Le quorum est atteint lorsque la moitié plus un des membres ayant voix délibérative sont présents.
Si, après une première convocation, ce quorum n'est pas atteint, la commission d'appel d'offres est à nouveau convoquée. Elle se réunit alors valablement sans condition de quorum.
La commission d'appel d'offres dresse procès-verbal de ses réunions.

Tous les membres de la commission peuvent demander que leurs observations soient portées au procès-verbal.

B. La définition des procédures

MB Edition

23. Comment déterminer la procédure à utiliser pour les marchés publics locaux ?

Le choix d'une procédure de passation d'un marché public implique d'évaluer le montant d'achat correspondant pour connaître les procédures de publicité et de mise en concurrence à mettre en œuvre.
Travaux : est prise en compte la valeur de tous les travaux se rapportant à une même opération ou à un même ouvrage.

Fournitures : est prise en compte :
si les besoins correspondent à un ensemble unique de livraisons de fournitures homogènes, la valeur de l'ensemble de ces fournitures.
Exemple: renouvellement du mobilier de bureau de la mairie.
si les besoins correspondent à des livraisons récurrentes de fournitures homogènes, la valeur de l'ensemble des fournitures correspondant aux besoins d'une année.
Exemple : achat de carburants pour le parc de véhicules de la collectivité.

Services : est prise en compte :
Si les besoins correspondent à un ensemble unique de prestations homogènes et concourant à une même opération, la valeur de l'ensemble de ces prestations (exemple : audit des services de la collectivité en vue d'une réorganisation).
Si les besoins correspondent à des réalisations récurrentes de prestations homogènes et concourant à une même opération, la valeur de l'ensemble des prestations correspondant aux besoins d'une année (exemple : prestations récurrentes de formation professionnelle du personnel).
Si les besoins correspondent à la réalisation continue de prestations homogènes, la valeur de l'ensemble de ces prestations sur la durée totale de leur réalisation (exemple : nettoyage de locaux, assurances).

Il faut noter que la réforme de 2004 a abandonné la nomenclature comme référence obligatoire. Désormais, c'est l'acheteur public qui définit lui-même " *l'homogénéité des besoins et leur classification* ". Ainsi, il serait à envisager que la collectivité approuve par son organe délibérant sa propre nomenclature. Mais il est fort probable que bon nombre de collectivités feront le choix de conserver l'ancienne nomenclature réglementaire.

24. Quelles sont les règles relatives aux seuils des marchés ?

Lorsqu'il est fonction d'un seuil, le choix de la procédure applicable est déterminé dans les conditions suivantes, quel que soit le nombre de prestataires auxquels il est fait appel :

En ce qui concerne les travaux, est prise en compte la valeur globale des travaux se rapportant à une opération portant sur un ou plusieurs ouvrages.

Il y a opération de travaux lorsque le maître d'ouvrage prend la décision de mettre en oeuvre, dans une période de temps et un périmètre limités, un ensemble de travaux caractérisé par son unité fonctionnelle, technique ou économique.

En ce qui concerne les fournitures et les services, pour évaluer le montant des besoins à comparer aux seuils, il est procédé à une estimation de la valeur totale des fournitures ou des services qui peuvent être considérés comme homogènes soit en raison de leurs caractéristiques propres, soit parce qu'ils constituent une unité fonctionnelle.

La délimitation d'une catégorie homogène de fournitures ou de services ne doit pas avoir pour effet de soustraire des marchés aux règles qui leur sont normalement applicables en vertu du présent code.

Pour les marchés d'une durée inférieure ou égale à un an, la valeur totale mentionnée ci-dessus est celle qui correspond aux besoins d'une année.

Pour les marchés comportant des lots, est retenue la valeur, estimée ainsi qu'il a été dit ci-dessus, de la totalité des lots.

La procédure de passation de chaque lot est celle qui s'applique au marché pris dans son ensemble.

Toutefois, il est possible de déroger à cette règle et de conclure des marchés passés selon la procédure adaptée mentionnée au I de l'article 28 pour les lots inférieurs à 90 000 € HT dans le cas de marchés de fournitures et de services et dans le cas de marchés de travaux dont le montant est inférieur à 5 900 000 € HT. Pour les marchés de travaux dont le montant atteint 5 900 000 € HT, il est possible de conclure des marchés passés selon une procédure adaptée pour les lots inférieurs à 1 000 000 € HT.

Dans tous les cas, le montant cumulé de ces lots ne doit pas excéder 20 % de la valeur de l'ensemble du marché.

MB Edition

25. Qu'en est-il des marchés passés selon la procédure adaptée ?

L'article 28 du nouveau code le mentionne expressément.
Les marchés à procédure adaptée sont les successeurs des marchés passés, sans formalités préalables, assortis toutefois d'une publicité libre mais nécessaire.

L'obligation de publicité est consacrée par le nouveau décret comme le gage de transparence et garantie d'une véritable mise en concurrence.

Dès 90 000 € HT une publication est obligatoire soit au BOAMP, soit dans un journal d'annonces légales.

Une publicité supplémentaire dans une publication de presse spécialisée est également recommandées sans être obligatoire. Elle s'effectuera de manière librement appréciée par la collectivité.

Cette exigence de publicité concerne désormais aussi les marchés sous le seuil de 90 000 € HT qui doivent faire l'objet d'une publicité adaptée, d'un affichage ou d'une mise en ligne sur internet (les modalités sont laissées à l'appréciation de la collectivité).

L'application concrète et systématique de telles dispositions ne sera pas aisée dans nos collectivités et il y a fort à parier que la jurisprudence viendra préciser les contours de ces dispositions.

Dès à présent, dans sa circulaire interprétative le ministère précise que " *pour les marchés publics de très faible montant, on doit considérer que la mise en concurrence de plusieurs prestataires ou fournisseurs constitue en elle-même un élément de publicité suffisant* ".

Il s'agira, dans l'attente soit de précisions réglementaires, soit de la jurisprudence, pour les responsables des collectivités locales de fixer eux-mêmes sous les 90 000 € HT, les modalités d'une publicité, compte tenu des circonstances locales.

MB Edition

On le voit, l'article 28 du nouveau code entend par là même responsabiliser la collectivité en lui confiant le soin d'utiliser " *des modalités de publicité et de mise en concurrence déterminées* " par elle.

Pour être complet, ces marchés ne sont pas soumis au contrôle de légalité des actes administratifs.

Chacun l'a noté, l'ancien seuil des 90 000 € HT est conservé mais pour le transformer avec une obligation de publicité accrue.

En revanche, le seuil des procédures formalisées passe à 230 000 € HT pour les collectivités locales et leurs EPCI.

MB Edition

26. Quelles sont les règles de l'appel d'offres ?

Pour ce qui concerne les collectivités locales et leurs EPCI, c'est le seuil de 230 000 € HT qui détermine désormais la procédure d'appel d'offres.

C'est l'article 33 qui s'applique avec une publicité préalable, communication des critères de choix et ouverture de plis par la commission d'appel d'offres.

A noter aussi que la publicité dans une publication relevant du domaine concerné est laissée à la libre appréciation de la collectivité.
Pour les marchés de travaux, les mêmes règles s'appliquent mais dans une fourchette comprise entre 230 000 € HT et 5 900 000 € HT.
Au-delà de ces montants, une publicité dans le BOAMP et au Journal officiel de l'union européenne (JOUE) est obligatoire.

La nouveauté essentielle réside dans la dérogation instituée pour les marchés de travaux entre 230 000 € HT jusqu'à 5 900 000 € HT.
En effet, la libre négociation par la personne responsable du marché est possible, mais avec néanmoins l' intervention de la commission d'appel d'offres pour le choix et mise en concurrence préalable, en vertu des **articles 35 – I 5e et 66 du Code**.

La négociation pourra néanmoins se faire sur la base d'un règlement de consultation comme prévu à l'**article 54**.

27. Comment définir la procédure négociée ?

Une procédure négociée est une procédure par laquelle la personne publique choisit le titulaire du marché après consultation de candidats et négociation des conditions du marché avec un ou plusieurs d'entre eux.
Les marchés négociés sont passés avec ou sans publicité préalable permettant la présentation d'offres concurrentes.

En l'absence de publicité préalable, ils sont passés soit après mise en concurrence, soit sans mise en concurrence (**source : article 34**).

28. Quelles sont les règles de la nouvelle procédure de dialogue compétitif ?

L'article 36 du Code prévoit cette procédure pour les cas où la collectivité n'est pas en mesure " *de définir les moyens techniques pouvant répondre à ses besoins ou lorsqu'elle n'est pas en mesure d'établir le montage juridique ou financier du projet* ".

Cette procédure s'impose en cas de marché complexe (réseaux informatiques, etc.).

29. Comment fonctionne la procédure des marchés de conception réalisation ?

Les marchés qui portent à la fois sur la définition du projet et sur l'exécution des travaux pour la réalisation des ouvrages mentionnés à l'article 1er de la **loi n° 85-704 du 12 juillet 1985 relative à la maîtrise d'ouvrage publique et à ses rapports avec la maîtrise d'oeuvre privée** sont passés selon la procédure de conception-réalisation.
Il ne peut être recouru à cette procédure, quel que soit le montant du marché, que si des motifs d'ordre technique rendent nécessaire l'association de l'entrepreneur aux études de l'ouvrage.

Ces motifs doivent être liés à la destination ou aux techniques de réalisation de l'ouvrage. Sont concernés des ouvrages dont la finalité majeure est une production dont le processus conditionne la conception et la réalisation, ainsi que des ouvrages dont les caractéristiques, telles que des dimensions exceptionnelles ou des difficultés techniques particulières, exigent de faire appel aux moyens et à la technicité propres des entreprises (**source : article 37**).

30. Quelles sont les règles du concours ?

Le concours est la procédure par laquelle la personne publique choisit, après mise en concurrence et avis du jury un plan ou un projet, notamment dans le domaine de l'aménagement du territoire, de l'urbanisme, de l'architecture et de l'ingénierie ou des traitements de données, avant d'attribuer, à l'un des lauréats du concours, un marché.

Le concours peut être ouvert ou restreint.
Le règlement du concours peut prévoir que les concurrents bénéficient du versement de primes (**source : article 38**).

MB Edition

C. Les règles générales de passation

31. Quelles sont les mesures de publicité à envisager ?

L'efficacité de la publicité constitue une composante essentielle de la régularité du marché. Les modalités de publicité sont précisées à l'**article 40 du Code**.

a) En dessous du seuil de 90000 € HT: une publicité adaptée :
Le choix des modalités de publicité relève dans ce cas de la seule responsabilité de l'acheteur. Le code prévoit qu'en dessous de ce seuil, l'acheteur public mettra en œuvre des mesures de publicité adaptées et suffisantes pour permettre une mise en concurrence effective et la transparence du processus d'achat. L'exigence de transparence va se traduire notamment par le choix de supports de publicité pertinents assurant une véritable mise en concurrence. L'acheteur a le choix entre trois catégories de supports écrits : la presse écrite, l'affichage et l'internet.
Pour cette catégorie de marchés, il est loisible à la personne publique de prévoir l'insertion d'avis de publicité soit sur le site de l'acheteur ou tout autre portail ou site web adapté, susceptible d'élargir la publicité du marché, soit encore de le diffuser sur tout moyen audiovisuel, à la condition que l'information alors diffusée soit suffisamment complète et de nature à pouvoir atteindre les candidats potentiels au marché.
Le recours à de tels moyens ou à l'affichage qui concerne essentiellement les collectivités territoriales, est notamment envisageable dans deux hypothèses :

- soit en complément de l'annonce passée dans la presse ;
- soit lorsque le coût de la publicité par voie de presse constitue une charge financière significative au regard du montant du marché envisagé.

Pour les marchés de très faible montant, on doit considérer que la mise en concurrence de plusieurs prestataires ou fournisseurs constitue en elle- même un élément de publicité suffisant. Il n'est en effet pas nécessaire de recourir dans tous les cas à une publication pour satisfaire à l'obligation de transparence.

b) Entre le seuil de 90000 € HT et les seuils communautaires : l'obligation de procéder à une publicité déterminée par le code :
Pour les besoins de fournitures ou de services d'un montant compris entre 90 000 € HT et 150 000 € HT pour l'État ou

230 000 € HT pour les collectivités territoriales, et pour les marchés de travaux compris entre 90 000 € HT et 5 900 000 € HT, le code impose l'obligation de procéder à une publicité dans les conditions suivantes.
Les avis d'appel public à la concurrence sont obligatoirement publiés soit dans le Bulletin officiel des annonces des marchés publics (BOAMP), soit dans un journal habilité à recevoir des annonces légales (JAL). Le code invite, en outre, l'acheteur à compléter, si nécessaire, sa publicité obligatoire par une publicité supplémentaire dans un organe de presse spécialisée.

c) Au-dessus des seuils communautaires : l'obligation de procéder à une publicité nationale et européenne (BOAMP et JOUE) :
Au-dessus des seuils de 150 000 € HT pour l'État ou 230 000 € HT pour les collectivités territoriales pour les marchés de fournitures ou services, et de 5 900 000 € HT pour les marchés de travaux, les avis d'appel public à la concurrence sont publiés au Bulletin officiel des annonces des marchés publics (BOAMP) et au Journal officiel de l'Union européenne (JOUE).
Les avis adressés au JOUE sont établis conformément aux formulaires obligatoires fixés par l'arrêté du ministre de l'économie, des finances et de l'industrie du 4 décembre 2002 publié au Journal officiel de la République française du 30 janvier 2003. Les avis adressés au BOAMP le sont conformément aux modèles fixés par arrêté du ministre chargé de l'économie et par téléprocédure.

32. Qu'en est-il des mesures de publicité complémentaire quel que soit le montant estimé du marché ?

Dans tous les cas, pour satisfaire à l'obligation d'une publicité efficace, la personne responsable du marché peut utiliser, pour l'ensemble de ses marchés, des supports de publicité supplémentaires, tels qu'une publication dans la presse spécialisée, l'affichage ou l'internet.

Dans la pratique, la publicité complémentaire permet à l'acheteur public de recevoir des candidatures ou des offres qu'il n'aurait pas, sans elle, forcément obtenues.

Ainsi, pour des marchés d'un montant élevé, où le surcoût d'une publication complémentaire dans un organe de presse n'est pas significatif par rapport au montant du marché, il peut être opportun de chercher à stimuler au maximum la concurrence par des publications complémentaires. Il en va, sans que ce soit une obligation juridique, de l'intérêt économique de l'acheteur.

Au-dessus du seuil de 90 000 € HT, le code prévoit que les publications dans la presse sont faites selon un modèle défini par arrêté du ministre chargé de l'économie. En dessous de ce seuil, cette obligation n'existe pas.

Dans ce cas, il pourra être utile à la personne responsable du marché, lorsqu'elle fait appel à plusieurs supports publicitaires, de veiller, pour ne pas porter atteinte à l'égale information des candidats, à ce que le contenu des différentes publicités soit semblable, sans être nécessairement identique.

33. Quelle est l'articulation entre les seuils, les procédures et les mesures de publicité ?

Pour bien comprendre la relation entre les seuils, les procédures adéquates et les mesures de publicité :

LES PROCÉDURES : TABLEAUX DE SYNTHÈSE

Appel d'offres ouvert *(article 57 du Code des marchés publics)*	**Appel d'offres restreint** *(article 60 du Code des marchés publics)*
Délai de réception des offres : ne peut être inférieur à 52 jours après la date d'envoi de l'avis d'appel public à la concurrence Ce délai peut être réduit : - à 22 jours minimum s'il y a eu une préinformation ; - à 22 jours minimum pour les marchés de travaux dont le montant est compris entre 230 000 € HT et 5 900 000 € HT (ce délai pouvant encore être réduit à 15 jours en cas d'urgence ne résultant pas du fait de la personne responsable du marché).	**Délai de réception des candidatures :** ne peut être inférieur à 37 jours à compter de la date d'envoi de l'avis d'appel public à la concurrence. Ce délai peut être réduit : - à 22 jours pour les marchés de travaux dont le montant est compris entre 230 000 € HT et 5 900 000 € HT ; - à 15 jours en cas d'urgence ne résultant pas du fait de la personne responsable du marché. **Délai de réception des offres :** Envoi d'une lettre de consultation : Le délai de réception des offres ne peut être inférieur à 40 jours à compter de l'envoi de la lettre de consultation Ce délai peut être réduit : - à 22 jours minimum s'il y a eu une préinformation ; - à 22 jours minimum pour les marchés de travaux dont le montant est compris entre 230 000 € HT et 5 900 000 € HT ; - à 15 jours en cas d'urgence ne résultant pas du fait de la personne responsable du marché.

Marché négocié avec publicité et mise en concurrence	Procédure de dialogue compétitif
Délai de réception des candidatures : Délai minimal entre l'envoi de l'avis d'appel public à la concurrence et la date limite de réception des candidatures : 37 jours au moins. Ce délai peut être réduit : - à 22 jours minimum pour les marchés de travaux dont le montant est compris entre 230 000 € HT et 5 900 000 € HT ; - à 15 jours en cas d'urgence (ne résultant pas du fait de la personne publique). **Lettre de consultation**	**Délai de réception des candidatures :** Délai minimal entre l'envoi de l'avis à la publication et la date limite de réception des candidatures : 37 jours au moins. **Délai de réception des offres :** La collectivité invite les candidats à remettre leur offre dans un délai qui ne peut être inférieur à 15 jours.

34. Comment est organisée l'information des candidats ?

Les pièces nécessaires à la consultation des candidats à un marché leur sont remises gratuitement.
Toutefois, la personne responsable du marché peut décider que les pièces nécessaires à la consultation des candidats à un marché leur sont remises contre paiement des frais de reprographie (**source : article 41**).

Les marchés passés après mise en concurrence font l'objet d'un règlement de la consultation. Les mentions figurant dans ce règlement sont précisées par un arrêté du ministre chargé de l'économie.
Ce règlement est facultatif si les mentions qui doivent y être portées figurent dans l'avis d'appel public à la concurrence (**source : article 42**).

MB Edition

35. Comment intervient l'examen des candidatures et des offres ?

Avant de procéder à l'examen des candidatures, si la personne responsable du marché constate que des pièces dont la production était réclamée sont absentes ou incomplètes, elle peut décider de demander à tous les candidats concernés de produire ou de compléter ces pièces dans un délai identique pour tous les candidats et qui ne saurait être supérieur à dix jours.

Les candidatures qui ne sont pas recevables en application des **articles 43, 44 et 47 du Code**, qui ne sont pas accompagnées des pièces nécessaires ou qui ne présentent pas des garanties techniques et financières suffisantes ne sont pas admises.

Pour les appels d'offres et les concours restreints, si le nombre de candidatures admises est supérieur au nombre préalablement indiqué des candidats qui seront autorisés à présenter une offre, les candidatures sont sélectionnées au terme d'un classement prenant en compte les garanties et capacités techniques et financières ainsi que les références professionnelles des candidats.

La personne responsable du marché indique dans l'avis d'appel public à la concurrence ou, s'il s'agit d'une procédure dispensée de l'envoi d'un tel avis, dans le règlement de la consultation, ceux de ces critères qu'elle privilégiera compte tenu de l'objet du marché.

MB Edition

36. Qu'en est-il des offres anormalement basses ?

Si une offre paraît anormalement basse à la personne responsable du marché pour l'Etat, ou à la commission d'appel d'offres pour les collectivités territoriales, elle peut la rejeter par décision motivée après avoir demandé par écrit les précisions qu'elle juge opportunes et vérifié les justifications fournies.
Peuvent être prises en considération des justifications tenant notamment aux aspects suivants :
a) Les modes de fabrication des produits, les modalités de la prestation des services, les procédés de construction ;
b) Le caractère exceptionnellement favorable des conditions d'exécution dont bénéficie le candidat ;
c) L'originalité du projet.

37. Que signifie la dématérialisation des procédures ?

Le règlement de la consultation, la lettre de consultation, le cahier des charges, les documents et les renseignements complémentaires peuvent être mis à disposition des entreprises par voie électronique dans des conditions fixées par décret.
Néanmoins, au cas où ces dernières le demandent, ces documents leur sont transmis par voie postale. Sauf disposition contraire prévue dans l'avis de publicité, les candidatures et les offres peuvent également être communiquées à la personne publique par voie électronique, dans des conditions définies par décret.

Aucun avis ne pourra comporter d'interdiction à compter du 1er janvier 2005. Un décret précise les conditions dans lesquelles des enchères électroniques peuvent être organisées pour l'achat de fournitures courantes. Les dispositions du nouveau code qui font référence à des écrits ne font pas obstacle au remplacement de ceux-ci par un support ou un échange électronique.
Il faut retenir qu'à compter du 1er janvier 2005, les personnes publiques devront être en mesure de recevoir, par voie électronique, les candidatures et les offres relatives à leurs marchés publics.

MB Edition

D. Des dispositions particulières

MB Edition

38. Comment définir les marchés fractionnés ?

Lorsque, pour des raisons économiques, techniques ou financières, le rythme ou l'étendue des besoins à satisfaire ne peuvent être entièrement arrêtés dans le marché, la personne publique peut passer un marché fractionné sous la forme d'un marché à bons de commande.

Le marché à bons de commande détermine les spécifications, la consistance et le prix des prestations ou ses modalités de détermination ; il en fixe le minimum et le maximum en valeur ou en quantité.
Le montant maximum ne peut être supérieur à quatre fois le montant minimum.

39. Dans quels cas intervient le marché à tranche conditionnelle ?

Lorsque, pour des raisons économiques, techniques ou financières, le rythme ou l'étendue des besoins à satisfaire ne peuvent être entièrement arrêtés dans le marché, la personne publique peut passer un marché fractionné sous la forme d'un marché à tranches conditionnelles.
Le marché à tranches conditionnelles comporte une tranche ferme et une ou plusieurs tranches conditionnelles. Le marché définit la consistance, le prix ou ses modalités de détermination et les modalités d'exécution des prestations de chaque tranche.
Les prestations de la tranche ferme doivent constituer un ensemble cohérent ; il en est de même des prestations de chaque tranche conditionnelle, compte tenu des prestations de toutes les tranches antérieures.
L'exécution de chaque tranche conditionnelle est subordonnée à une décision de la personne responsable du marché, notifiée au titulaire dans les conditions fixées au marché.
Lorsqu'une tranche conditionnelle est affermie avec retard ou n'est pas affermie, le titulaire peut bénéficier, si le marché le prévoit et dans les conditions qu'il définit, d'une indemnité d'attente ou d'une indemnité de dédit.

MB Edition

40. Qu'en est-il des marchés de définition ?

Lorsque la personne publique n'est pas en mesure de préciser les buts et performances à atteindre par le marché, les techniques de base à utiliser, les moyens en personnel et en matériel à mettre en oeuvre, elle peut recourir aux marchés de définition.

Ces marchés ont pour objet d'explorer les possibilités et les conditions d'établissement d'un marché ultérieur, le cas échéant au moyen de la réalisation d'une maquette ou d'un démonstrateur.
Ils doivent également permettre d'estimer le niveau du prix des prestations, les modalités de sa détermination et de prévoir les différentes phases de l'exécution des prestations.

Les prestations faisant suite à plusieurs marchés de définition ayant le même objet, conclus à l'issue d'une seule procédure et exécutés simultanément, peuvent être attribuées, sans nouvelle mise en compétition, à l'auteur de la solution retenue.

Dans ce cas, le montant des prestations à comparer aux seuils tient compte du montant des études de définition et du montant estimé du marché d'exécution.

La personne responsable du marché pour l'Etat et pour les établissements publics de santé et les établissements publics sociaux ou médico-sociaux, ou la commission d'appel d'offres pour les collectivités territoriales attribue le marché.

41. Quelles sont les règles concernant les marchés de maîtrise d'œuvre ?

S'agissant plus précisément des marchés de maîtrise d'œuvre, plusieurs nouveautés méritent d'être soulignées, d'une part, les seuils sont modifiés.

Le concours s'impose désormais à partir de 150.000 € HT pour les marchés de l'Etat et à partir de 230.000 € HT pour les marchés des collectivités territoriales.

D'autre part et surtout, il n'existe plus de procédure négociée spécifique pour les marchés d'un montant intermédiaire.

Sous les seuils susénoncés, le maître d'ouvrage est libre d'organiser la mise en concurrence des candidats selon le processus qui lui paraît le mieux adapté.

On peut s'étonner que pour les marchés intermédiaires la consultation d'un jury ne soit plus obligatoire, même si le maître d'ouvrage reste libre d'y recourir.
Sur ce point, de nouveau, la jurisprudence à venir sera déterminante.

E. Les ultimes étapes

MB Edition

42. Comment préparer le rapport de présentation ?

Tout projet de marché ou d'avenant, à l'exception des marchés passés sans formalités préalables, fait l'objet d'un rapport de présentation de la personne responsable du marché, qui :

- Définit la nature et l'étendue des besoins à satisfaire, ainsi que le montant prévu de l'opération ;
- Expose l'économie générale du marché ou de l'avenant, son déroulement prévu, ainsi que le prix envisagé ;
- Motive le choix du mode de passation adopté et notamment, le cas échéant, le recours au délai d'urgence ou au marché négocié ;
- Rend compte du déroulement de la procédure suivie et, le cas échéant, relate le processus de négociation ;
- Justifie l'introduction, le cas échéant, de critères de sélection des offres non prévus par les dispositions du premier alinéa du II de l'article 53 et motive le choix de l'offre retenue ;
- Indique le nom des candidats non retenus et les motifs de leur rejet ;
- Justifie les dérogations éventuellement apportées aux normes et spécifications techniques applicables en France ;
- Précise, en matière de fournitures, si la fourniture provient d'un pays membre de la Communauté européenne ou d'un autre pays signataire de l'accord sur les marchés publics conclu dans le cadre de l'organisation mondiale du commerce ;
- Indique, le cas échéant, la part du marché que l'attributaire a l'intention de sous-traiter.

Ce rapport est communiqué en même temps que le marché aux instances chargées du contrôle des marchés.

MB Edition

43. Comment intervient la notification du marché ?

Les marchés doivent être notifiés avant tout commencement d'exécution. La notification consiste en un envoi du marché signé au titulaire par tout moyen permettant de donner date certaine.

La date de notification est la date de réception du marché par le titulaire. Le marché prend effet à cette date.
C'est là une date importante au plan juridique.

MB Edition

F. Les marchés conclus pour l'acquisition d'énergies non stockables par la personne publique

MB Edition

44. Quelles sont les dispositions relatives à l'acquisition d'énergie non stockable ?

Pour l'achat d'énergies qui ne sont pas stockables par les personnes publiques, les marchés peuvent être passés dans les conditions définies ci-dessous :

a) Le marché peut être un marché à bons de commande sans minimum ni maximum avec plusieurs titulaires. Le marché détermine la nature et le prix unitaire des fournitures ou les modalités de sa détermination. Il est exécuté par émission de bons de commande successifs, selon les besoins.
Le règlement de la consultation indique les conditions dans lesquelles le marché donne lieu à une mise en concurrence des titulaires, préalablement à l'émission de chacun des bons de commande.
La mise en concurrence porte sur le prix unitaire de l'énergie fournie.
Les bons de commande précisent la période durant laquelle a lieu la fourniture d'énergie. La personne responsable du marché n'est toutefois pas tenue de préciser dans le bon de commande la quantité précise d'énergie qui devra lui être fournie durant cette période.
Cette quantité est constatée à l'issue de la période mentionnée dans le bon de commande.
La durée d'exécution totale des bons de commande émis dans le cadre de ces marchés ne peut excéder la durée de validité du marché et la durée maximale du marché obéit aux règles fixées au I de **l'article 71 du présent code**.

b) Le marché peut ne pas être fractionné. Il détermine alors la consistance, la nature et le prix unitaire de l'énergie fournie ou les modalités de sa détermination.
Le marché peut ne pas indiquer la quantité précise d'énergie qui devra être fournie durant son exécution.
Celle-ci sera alors constatée à l'issue de la durée de validité du marché.

MB Edition

G. Les marchés des opérateurs de réseaux (articles 82 à 85)

MB Edition

45. Qu'en est-il des marchés des opérateurs de réseaux ?

Les personnes publiques agissent en tant qu'opérateurs de réseaux lorsqu'elles ont pour activité :
1. La mise à disposition ou l'exploitation de réseaux fixes de production, de transport ou de distribution d'électricité, de gaz ou de chaleur, ou l'alimentation de ces réseaux en électricité, en gaz ou en chaleur, lorsque ces réseaux sont destinés à fournir un service au public ;

2. La mise à disposition ou l'exploitation de réseaux fixes de production, de transport ou de distribution d'eau potable, lorsque ces réseaux sont destinés à fournir un service au public.
Relèvent également de cette activité les contrats passés par la même personne publique s'ils ont pour objet :
a) Soit l'évacuation ou le traitement des eaux usées ;
b) Soit des projets de génie hydraulique, d'irrigation ou de drainage, à condition qu'au moins 20 % du volume total d'eau produite par ces projets soit destiné au réseau d'eau potable ;

3. La prospection ou l'extraction du pétrole, du gaz, du charbon ou d'autres combustibles solides ;

4. La construction ou l'exploitation des aéroports, des ports maritimes ou intérieurs ou d'autres terminaux de transport à la disposition des transporteurs aériens, maritimes ou fluviaux ;

5. La mise à disposition ou l'exploitation de réseaux de transport par chemin de fer, systèmes automatiques, tramway, trolleybus, autobus, autocars ou remontées mécaniques destinés au public.

Les dispositions du code ne s'appliquent pas :
1° Aux marchés visant à l'achat de combustibles destinés à la production d'énergie, ou d'énergie, par les personnes publiques exerçant une activité mentionnée au 1 de l'**article 82** ;

2° Aux marchés pour la fourniture de l'eau par les producteurs ou les distributeurs d'eau exerçant l'activité mentionnée au 2 de l'**article 82** ;

3° Aux marchés passés par les exploitants de services de transport par autobus ou autocar, lorsqu'il s'agit de personnes publiques soumises au code, et alors que d'autres entités peuvent, dans les mêmes conditions, fournir ce service soit d'une manière générale, soit dans une aire géographique spécifique.

Les opérateurs de réseaux peuvent passer, quel que soit leur montant, des marchés négociés après publicité préalable pour les besoins directement liés à leur activité.

A noter qu'une offre anormalement basse du fait de l'obtention d'une aide publique ne peut être rejetée que si le candidat n'est pas en mesure, après avoir été consulté, d'apporter la preuve que cette aide a été notifiée à la Commission européenne ou a été autorisée par celle-ci.

Dans le cas d'un tel rejet, la personne responsable du marché en informe la Commission européenne.

IV. L'exécution des marchés

MB Edition

46. Comment est exécuté le marché ?

L'entrepreneur est tenu d'exécuter son marché à compter de la notification de son marché.

Seule la notification est le point de départ des obligations contractuelles réciproques entreprise et personne publique. La date du marché est celle de la notification : jour de la réception de l'accusé postal ou la date de la signature opérée sur l'acte d'engagement en présence du représentant de la personne publique.

La notification peut valoir ordre de commencement d'exécution du marché si les clauses le prévoient ainsi.

Dans le cas contraire, un ordre de service pourra déclencher l'exécution du marché, une fois que le formalisme de la notification aura été réalisé.
Avant la notification, l'entreprise ne doit pas procéder à un commencement d'exécution du marché.
Si elle était amenée à le faire pour quelle que raison que ce soit, elle ne disposerait d'aucun recours contractuel contre la personne publique et ne pourrait pas obtenir le paiement des prestations réalisées pour la personne publique.

Le déroulement du marché s'opère par le biais d'ordres de service ou par émission de bons de commande s'il s'agit d'un marché à bons de commandes.

La réception des prestations afférentes aux marchés s'opèrent selon les modalités définies par les cahiers des charges administratives générales applicables à chaque type de marché : prestations intellectuelles, fournitures et services courants et travaux.

MB Edition

47. Quel est le délai global de paiement ?

Le code prévoit désormais en son article 90 que le délai global de paiement ne peut excéder 45 jours à l'exception des établissements de santé pour lesquels ce délai est porté à 50 jours.

Augmentation du montant de l'avance facultative : l'**article 88** prévoit une avance facultative pouvant aller jusqu'à 30 % du montant initial, toutes taxes comprises, du marché ou de la tranche contre 20 % dans l'ancien code.

Cette mesure est applicable dès le montant de 50 000 € HT contre 90 000 € HT auparavant.

48. Qu'en est-il des intérêts moratoires ?

Les intérêts moratoires sont applicables de plein droit.

Ils se calculent prorata temporis en nombre de jours calendaires rapportés au nombre de jours d'une année civile (365 jours).

Il est nécessaire de préciser le taux des intérêts moratoires (taux d'intérêt légal) dans le marché écrit, à défaut c'est le taux de refinancement de la BCE majoré de 7 points qui s'applique.

Le taux des intérêts moratoires est le taux légal augmenté de 2 points. Il est modifié chaque année.

Pour les commandes sur simple facture, la référence au taux légal n'est pas obligatoire : le taux d'intérêt légal majoré de deux points s'applique.

Le mandatement des intérêts moratoires doit intervenir au plus tard le 30 °jours suivant la date de mise en paiement du principal.
Au-delà, des intérêts moratoires complémentaires sont dus.

MB Edition

49. Quel est le régime des avances ?

L'avance forfaitaire :

Une avance forfaitaire est accordée au titulaire d'un marché lorsque le montant initial du marché ou de la tranche est supérieur à 50 000 € HT.

Dans le cas d'un marché à bons de commandes comportant un montant minimum supérieur à 50 000 € HT, l'avance est accordée en une seule fois sur la base de ce montant minimum. La personne responsable du marché peut prévoir dans le marché le versement d'une avance forfaitaire dans les cas où celle-ci n'est pas obligatoire.

Dans tous les cas, le titulaire peut refuser le versement de l'avance forfaitaire.

Le montant de l'avance forfaitaire est fixé, sous réserve des dispositions de l'article 115, à 5 % du montant initial, toutes taxes comprises, du marché ou de la tranche si la durée du marché ou de la tranche est inférieure ou égale à douze mois ; si cette durée est supérieure à douze mois, l'avance forfaitaire est égale à 5 % d'une somme égale à douze fois le montant initial du marché ou de la tranche divisé par la durée du marché ou de la tranche exprimée en mois.

L'avance facultative :

Une avance facultative peut être accordée au titulaire d'un marché. Elle se substitue à l'avance forfaitaire. L'avance facultative ne peut excéder 30 % du montant initial, toutes taxes comprises, du marché ou de la tranche.

Dans le cas d'un marché à bons de commande comportant un montant minimum, cette avance ne peut excéder 30 % de ce montant minimum. Dans le cas d'un marché à bons de commande ne comportant ni minimum ni maximum, cette avance ne peut excéder 30 % de chaque bon de commande. L'avance facultative peut toutefois être portée à un maximum de 60 % des montants mentionnés ci-dessus, sous réserve que le titulaire constitue une garantie à première demande, conformément aux dispositions de l'**article 104 du présent code**. Le montant et les conditions de versement de l'avance facultative sont fixés par le marché. Ils ne peuvent être modifiés par avenant. L'avance facultative est remboursée à un rythme fixé par le marché par précompte sur les sommes dues à titre d'acomptes ou de règlement partiel définitif.

MB Edition

50. Quel est le régime juridique applicable aux acomptes ?

Les prestations qui ont donné lieu à un commencement d'exécution du marché ouvrent droit à des acomptes.

Le montant d'un acompte ne doit en aucun cas excéder la valeur des prestations auxquelles il se rapporte.

La périodicité du versement des acomptes est fixée au maximum à trois mois.
Lorsque le titulaire est une petite ou moyenne entreprise, une société coopérative ouvrière de production, un groupement de producteurs agricoles, un artisan, une société coopérative d'artisans, une société coopérative d'artistes ou un atelier protégé, ce maximum est ramené à un mois pour les marchés de travaux.

Pour les marchés de fournitures et de services, il est ramené à un mois à la demande du titulaire.
Sont considérées comme des petites et moyennes entreprises les entreprises dont l'effectif ne dépasse pas 250 employés et dont le chiffre d'affaires ne dépasse pas en moyenne, sur les trois dernières années, 40 000 000 €.

Ne sont pas considérées comme des petites et moyennes entreprises (PME) les entreprises dont le capital social est détenu à hauteur de plus de 33 % par une entreprise n'ayant pas le caractère d'une PME au sens du présent code.

Une vue d'ensemble des procédures est proposée en conclusion.

MB Edition

Seuils HT	Procédures (Art. 28)	TYPES DE MARCHES TRAVAUX		FOUNITURES SERVICES		MAÎTRISE D'OEUVRE
5 900 000,00	**PROCEDURES FORMALISEES** définies par le Code des marchés Publics	Avis de Pré-information à l'Office des publications officielles des CE (Art. 39) Réduit les délais de réception des offres	**JOUE & BOAMP** (Publicité complémentaire) (Art. 40) **APPEL D'OFFRES** (Art 33, 57 à 64) **AO : 52 jours (22 jours dans certains cas)** AOR : 37 à 40 jours (22 jours dans certains cas) **Le marché est attribué par la CAO** OU **DIALOGUE COMPETITIF** (Art.36 et 67) Selon les règles de AOR **Audition des candidats par la PRM** **NEGOCIEE** avec avis CAO déclenchée par un fait (Art. 34, 35-1-1°, 65 et 66) Candidatures 37 jours (22 jours dans certains cas et 15 jours en cas d'urgence) **Le marché est attribué par la CAO au vu d'une proposition de classement par PRM**	Avis de préinformation à l'Office des publications officielles des CE (Art. 39) Réduit les délais de réception des offres	**JOUE & BOAMP** (Publicité complémentaire) (Art. 40) **APPEL D'OFFRES** (Art 33, 57 à 64) AO : 52 jours (22 jours) AOR : 37 + 40 jours (22 jours) **Le marché est attribué par la CAO** **NEGOCIEE** avec avis CAO (Art. 34, 35-1-1° 65 et 66) Candidatures 37 jours **DIALOGUE COMPETITIF** (Art. 36 et 67) Selon les règles de AOR **Audition des candidats par la PRM**	**JOUE & BOAMP** (Publicité complémentaire) (Art. 40) **JURY** de **CONCOURS** (Art. 25, 38, 70 et 74) AOR : 37 jours **Le marché est attribué par l'Assemblée Délibérante**
750 000,00		**JAL ou BOAMP** (Art.40) (Publicité complémentaire) **APPEL D'OFFRES** (Art 33, 57 à 64) AO : 22 jours AOR : 22 + 22 jours				

		DIALOGUE COMPETITIF (Art. 36 et 67) Selon les règles de AOR **Audition des candidats par la PRM** **Le marché est attribué par la CAO par décision motivée** OU **NEGOCIEE** (Art. 34, 35-1-5°, 65 et 66) Candidatures 22 jours **Le marché est attribué par la CAO au vu d'une proposition de classement réalisée par la PRM**	**JOUE & BOAMP** **(Publicité complémentaire)** (Art. 40)	
400 000,00		Avis d'attribution obligatoire dans un délai de 30 jours après la notification du marché (Art. 80)	Avis d'attribution obligatoire dans un délai de 30 jours après la notification du marché (Art.80) Pour les opérateurs de réseaux Eau Energie Transports (Art. 28-4 et 82)	Avis d'attribution obligatoire dans un délai de 30 jours après la notification du marché (Art. 80)
230 000,00		Délais de transmission du DCE aux entreprises : Travaux et Services 6 jours – Fournitures 4 jours		
	PROCEDURE LIBRE ADAPTEE	**PUBLICITE LIBRE ADAPTEE** (Art. 28) Aucune procédure formalisée définie par le Code Contenu de la procédure fixé par l'Acheteur Public	**PUBLICITE LIBRE ADAPTEE** (Art. 28) Aucune procédure formalisée définie par le Code Contenu de la procédure fixé par l'Acheteur Public	**PUBLICITE LIBRE ADAPTEE** (Art. 28) Aucune procédure formalisée définie par le Code Contenu de la procédure fixé par l'Acheteur Public
90 000,00		**Les marchés sont attribués par la PRM**		
0,00	**PROCEDURE LIBRE**	Consultation obligatoire de 3 prestataires Publicité adaptée à l'objet du marché (Art. 28)		

Les textes en vigueur

MB Edition

- Les textes parus au J.O n° 6 du 8 janvier 2004 :
1 Circulaire du 7 janvier 2004 portant manuel d'application du Code des marchés publics
2 Décret n° 2004-15 du 7 janvier 2004 portant Code des marchés publics

- Le Code des marchés publics :
Répartie en 138 articles, la structure du Code reprend pour l'essentiel celle du Code précédent publié en mars 2001 :

TITRE Ier
CHAMP D'APPLICATION ET PRINCIPES FONDAMENTAUX (Articles 1er à 4)
TITRE II
DISPOSITIONS GÉNÉRALES
Chapitre Ier
Détermination des besoins à satisfaire (Article 5)
Chapitre II
Définition des prestations (Article 6)
Chapitre III
Coordination, groupement de commandes et centrales d'achat (Articles 7 à 9)
Chapitre IV
L'allotissement (Article 10)
Chapitre V
Documents constitutifs du marché (Articles 11 à 14)
Chapitre VI
Durée du marché (Article 15)
Chapitre VII
Prix du marché (Articles 16 à 18)
Chapitre VIII
Avenants (Article 19)
TITRE III
PASSATION DES MARCHÉS
Chapitre Ier
Organes de l'achat public
Section 1
La personne responsable du marché (Article 20)
Section 2
La commission d'appel d'offres (Articles 21 à 23)

Section 3
La commission de la procédure de dialogue compétitif (Article 24)
Section 4
Le jury de concours (Article 25)
Chapitre II
Définition des procédures (Articles 26 à 31)
Section 1
Centrales d'achat (Article 32)
Section 2
Appel d'offres (Article 33)
Section 3
Procédures négociées (Articles 34 à 35)
Section 4
Autres procédures
Sous-section 1
Procédure de dialogue compétitif (Article 36)
Sous-section 2
Procédure propre aux marchés de conception-réalisation (Article 37)
Sous-section 3
Concours (Article 38)
Chapitre III
Règles générales de passation
Section 1
Organisation de la publicité (Articles 39 à 40)
Section 2
Information des candidats (Articles 41 à 42)
Section 3
Conditions d'accès à la commande publique relatives à la situation fiscale et sociale des candidats ou aux difficultés des entreprises (Articles 43 à 44)
Section 4
Présentation des candidatures (Articles 45 à 47)
Section 5
Présentation des offres (Articles 48 à 50)
Section 6
Les groupements des candidatures ou des offres (Article 51)
Section 7
Examen des candidatures et des offres
Sous-section 1
Critères de sélection des candidatures (Article 52)

Sous-section 2
Critères de choix des offres et classement des offres (Articles 53 à 54)
Sous-Section 3
Offres anormalement basses (Article 55)
Section 8
Dématérialisation des procédures (Article 56)
Chapitre IV
Déroulement des différentes procédures
Section 1
Appel d'offres
Sous-section 1
Appel d'offres ouvert (Articles 57 à 59)
Sous-section 2
Appel d'offres restreint (Articles 60 à 64)
Section 2
Procédures négociées (Articles 65 à 66)
Section 3
Autres procédures
Sous-section 1
Procédure de dialogue compétitif (Articles 67 à 68)
Sous-section 2
Procédure propre aux marchés de conception-réalisation (Article 69)
Sous-section 3
Concours (Article 70)
Chapitre V
Dispositions particulières à certains marchés
Section 1
Marchés fractionnés (Articles 71 à 72)
Section 2
Marchés de définition (Article 73)
Section 3
Marchés de maîtrise d'oeuvre (Article 74)
Chapitre VI
Achèvement de la procédure (Articles 75 à 80)
Chapitre VII
Dispositions spécifiques aux marchés conclus pour l'acquisition d'énergies non stockables par la personne publique (Article 81)
Chapitre VIII
Dispositions spécifiques aux marchés des opérateurs de

réseaux (Articles 82 à 85)
TITRE IV
EXÉCUTION DES MARCHÉS
Chapitre Ier
Régime financier
Section 1
Règlement, avances, acomptes (Article 86)
Sous-section 1
Avances (Articles 87 à 88)
Sous-section 2
Acomptes (Article 89)
Sous-section 3
Règlement partiel définitif (Article 90)
Sous-section 4
Régime des paiements (Articles 91 à 98)
Section 2
Garanties
Sous-section 1
Retenue de garantie (Articles 99 à 101)
Sous-section 2
Autres garanties (Articles 102 à 105)
Section 3
Financement
Sous-section 1
Cession ou nantissement des créances résultant des marchés (Articles 106 à 110)
Sous-section 2
Intervention du Crédit d'équipement des petites et moyennes entreprises (Article 111)
Chapitre II
Dispositions relatives à la sous-traitance (Articles 112 à 117)
Chapitre III
Exécution complémentaire (Article 118)
TITRE V
DISPOSITIONS RELATIVES AU CONTRÔLE
Chapitre unique
Contrôle des marchés
Section 1
Mission interministérielle d'enquête sur les marchés publics et les délégations de service public (Articles 119 à 124)

Section 2
Contrôle du coût de revient des marchés publics de l'Etat (Articles 125 à 129)
Section 3
Autres contrôles des marchés publics de l'Etat (Article 130)
TITRE VI
DISPOSITIONS DIVERSES
Chapitre Ier
Règlement des litiges
Section 1
Comités consultatifs de règlement amiable des litiges (Article 131)
Section 2
Arbitrage (Article 132)
Chapitre II
Organismes consultatifs
Section 1
Commissions spécialisées des marchés (Article 133)
Section 2
Commission technique des marchés (Article 134)
Section 3
Groupes permanents d'étude des marchés (Article 135)
Chapitre III
Informations sur les marchés
Section 1
Observatoire économique de l'achat public (Article 136)
Section 2
Recensement économique des marchés (Articles 137 à 138)

MB Edition

Index

(Les numéros renvoient aux numéros de questions)

MB Edition

A

Acomptes : 50
Acquisition d'énergie non stockable : 44
Acte d'engagement : 11
Appel d'offres : 1 ; 26 ; 33
Avance forfaitaire : 49
Avance facultative : 49

C

Cahier des charges : 12
Centrale d'achat : 17
Chambre régionale des comptes : 2
Code des marchés publics : 1 ; 6 ; 7 ; 10 ; 19 ; 25 ; 33
Commande publique : 1 ; 5
Commission d'appel d'offres : 19 ; 20 ; 21 ; 22 ; 26
Concours : 1 ; 30
Conseil d'Etat : 3 ; 4
Conseil municipal : 3
Contrat : 11
Contrôle : 2
Coordination : 15

D

Délai global de paiement : 47
Délégation : 3
Délibération : 3 ; 4
Dématérialisation : 37
Dialogue compétitif : 1 ; 28
Durée du marché : 9
Directive européenne : 1

F - G

Frais de reprographie : 34
Groupement : 16

MB Edition

I - J - L

Intérêt moratoire : 48
Jurisprudence : 3
Lot : 14 ; 24

M

Maire : 3
Marché négocié : 1 ; 3
Marché de maîtrise d'œuvre : [illegible]
Marché de travaux : [illegible]
Marché de fournitures ou de services : [illegible]
Marché public : [illegible]
Marché de conception – réalisation : 29
Marché fractionné : [illegible]
Marché à tranche conditionnelle : [illegible]
Marché de définition : 40
Marché des opérateurs de réseaux : [illegible]

N

Négociation : 1
Notification : 47

P

Personne responsable du marché : 18
Petite et moyenne entreprise : [illegible]
Préfet : 4
Prix : 10
Procédure adaptée : [illegible]
Procédure négociée : [illegible]
Publicité : 31 ; 32

R - S

Rapport de présentation : [illegible]
Seuil : 1 ; 24 ; 33

Imprimé en France. - JOUVE, 11, bd de Sébastopol, 75001 PARIS
N° 350379B. - Dépôt légal : Juin 2004